Mi piel es gris y arrugada

por Joyce Markovics

Consultores:
Christopher Kuhar, PhD
Director Ejecutivo
Zoológicos de la ciudad de Cleveland, Ohio

Kimberly Brenneman, PhD
Instituto Nacional para la Investigación de la Educación Temprana
Universidad de Rutgers
New Brunswick, Nueva Jersey

BEARPORT PUBLISHING

New York, New York

Créditos

Cubierta, © Louise Murray/Alamy; 4–5, © Scott Camazine/Alamy; 6–7, © Steve Bloom Images/Alamy; 8–9, © Shantell/iStockphoto; 10–11, © Purestock/Thinkstock; 12–13, © Fuse/Thinkstock; 14–15, © Ingo Arndt/naturepl.com; 16–17, © Lukas Blazek/Dreamstime.com; 18–19, © Paul Souders/Corbis; 20–21, © Paul Souders/Corbis; 22, © RGB Ventures LLC dba SuperStock/Alamy; 23, © ericlefrancais/Shutterstock; 24, © iStock/Thinkstock.

Editor: Kenn Goin
Editora principal: Joyce Tavolacci
Director creativo: Spencer Brinker
Diseñadora: Debrah Kaiser
Editora de fotografía: Michael Win
Editora de español: Queta Fernandez

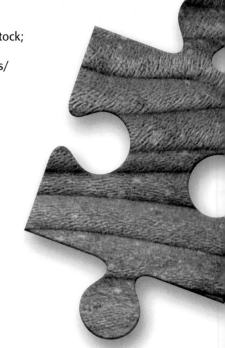

Datos de catalogación de la Biblioteca del Congreso

Markovics, Joyce L., author.
  [My skin is gray and wrinkly. Spanish]
  Mi piel es gris y arrugada / by Joyce Markovics; consultores: Christopher Kuhar, PhD, Director Ejecutivo, Zoológicos de la ciudad de Cleveland, Ohio; Kimberly Brenneman, PhD, Instituto Nacional para la Investigación de la Educación Temprana, Universidad de Rutgers, New Brunswick, Nueva Jersey.
        pages cm. — (Pistas de animales)
  Includes bibliographical references and index.
  ISBN 978-1-62724-585-2 (library binding) — ISBN 1-62724-585-5 (library binding)
  1. Walrus—Juvenile literature. I. Title.
  QL737.P62M2818 2015
  599.79'9—dc23

2014031743

Para más información, escriba a Bearport Publishing Company, Inc., 45 West 21st Street, Suite 3B, New York, New York 10010. Impreso en los Estados Unidos de América.

10 9 8 7 6 5 4 3 2 1

Contenido

¿Qué soy?

Mira mis dientes
delanteros.

4

Son muy grandes
y largos.

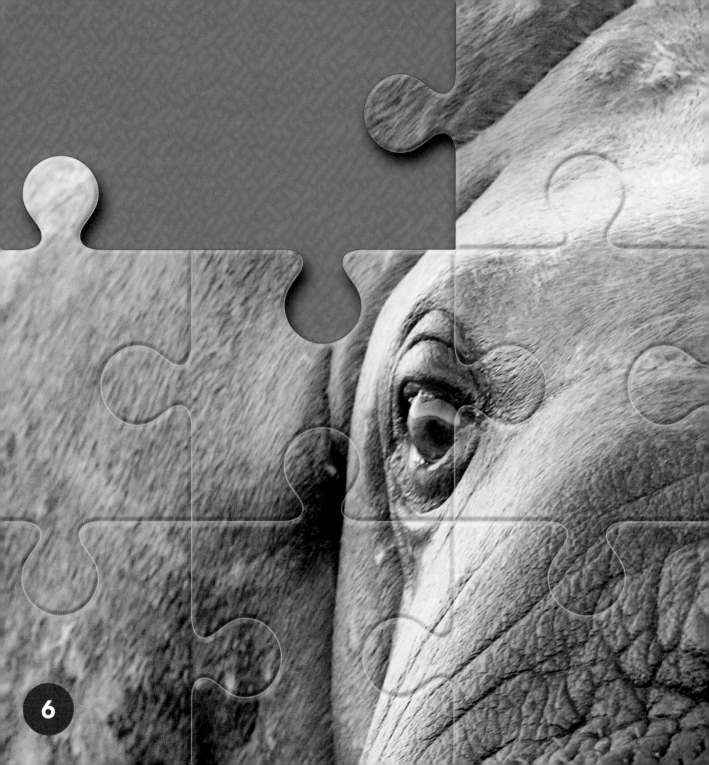

Mis ojos son pequeños y marrones.

7

Tengo cuatro
aletas planas.

Cada aleta tiene
cinco dedos.

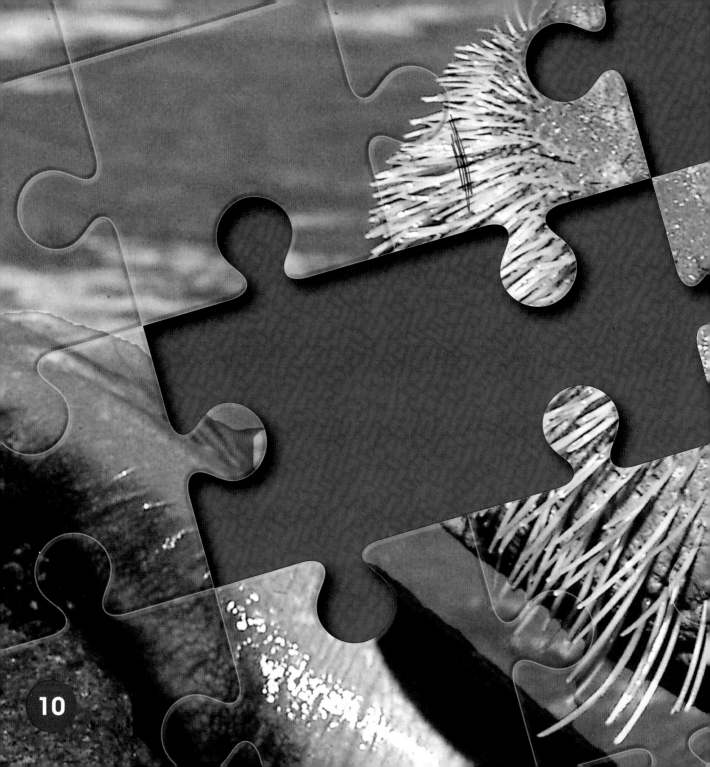

Mis orejas
son hoyos
diminutos.

Tengo dos fosas
nasales grandes.

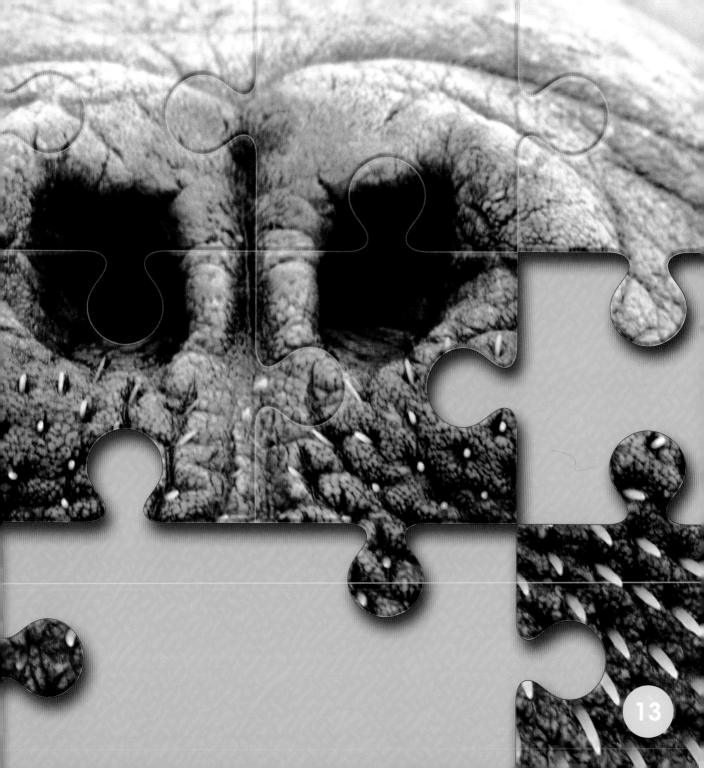

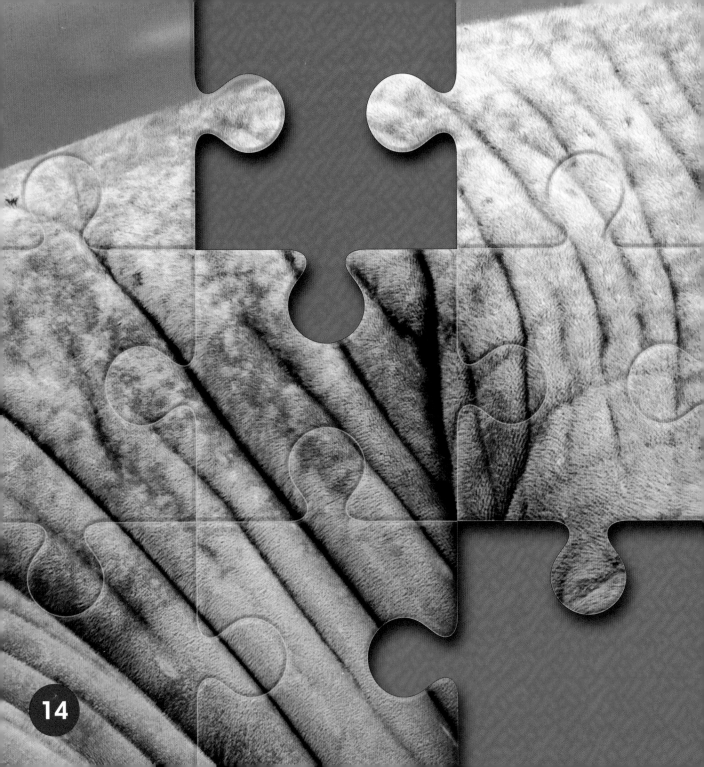

Mi piel es gris
y arrugada.

15

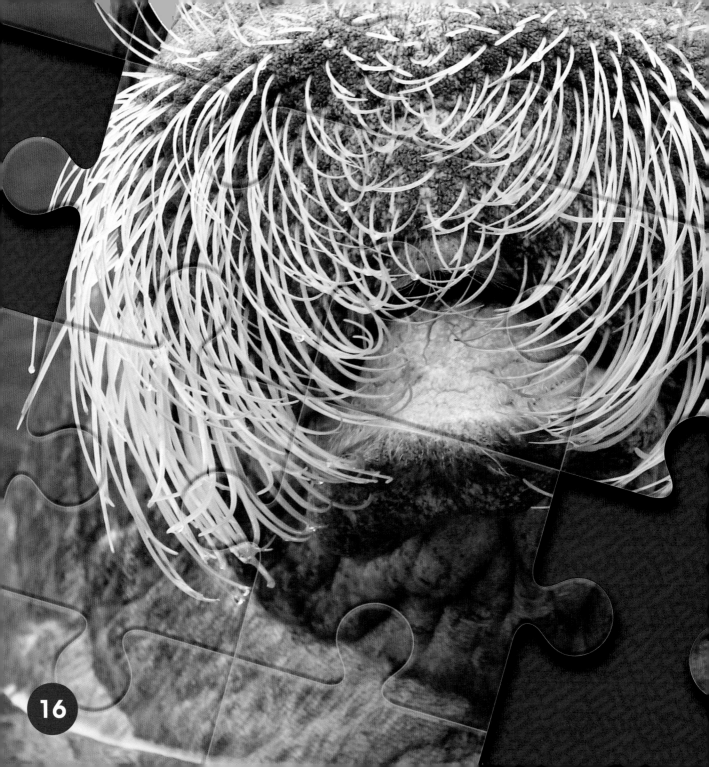

Tengo cientos
de bigotes.

17

¿Qué soy?

¡Vamos a averiguarlo!

¡Soy una morsa!

21

Datos sobre el animal

Las morsas son mamíferos. Como casi todos los mamíferos, dan a luz criaturas vivas. Las crías toman leche de sus madres. Los mamíferos también tienen la piel cubierta de pelos o de pelaje.

Más datos sobre las morsas

Comida:	almejas, cangrejos, caracoles y gusanos
Tamaño:	7–11,5 pies (2–3 m) de largo
Peso:	hasta 3000 libras (1.361 kg)
Esperanza de vida:	hasta 40 años
Dato curioso:	Los colmillos de una morsa pueden crecer hasta 3 pies (0,9 m)

Tamaño de una morsa adulta

¿Dónde vivo?

Las morsas viven en el océano, bien al norte.
Pueden soportar aguas muy frías porque tienen
una gruesa capa de grasa debajo de la piel.

Océano
Ártico

AMÉRICA
DEL NORTE

Océano
Atlántico

Océano
Pacífico

ÁFRICA

N
O · E
S

AUSTRALIA

AMÉRICA
DEL SUR

AMÉRICA
DEL
NORTE

ASIA

Océano
Ártico

Donde viven las morsas

Índice

Lee más

Miller, Sara Swan. *Walruses of the Arctic (Brrr! Polar Animals).* New York: PowerKids Press (2009).

Sexton, Colleen A. *Walruses (Blastoff! Readers: Oceans Alive).* Minneapolis, MN: Bellwether Media (2008).

Aprende más en línea

Para aprender más sobre las morsas, visita **www.bearportpublishing.com/ZooClues**

Acerca de la autora

Joyce Markovics vive junto al río Hudson, en Tarrytown, Nueva York. Le gusta estar rodeada de criaturas que tengan pelos, aletas y plumas.